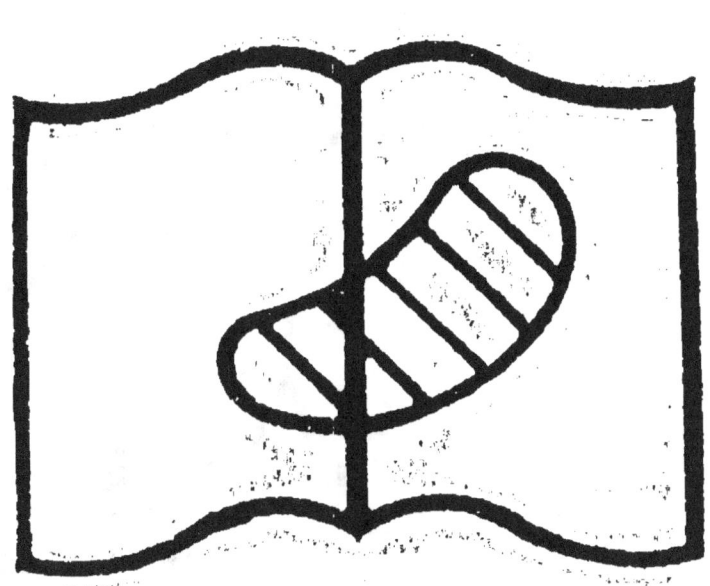

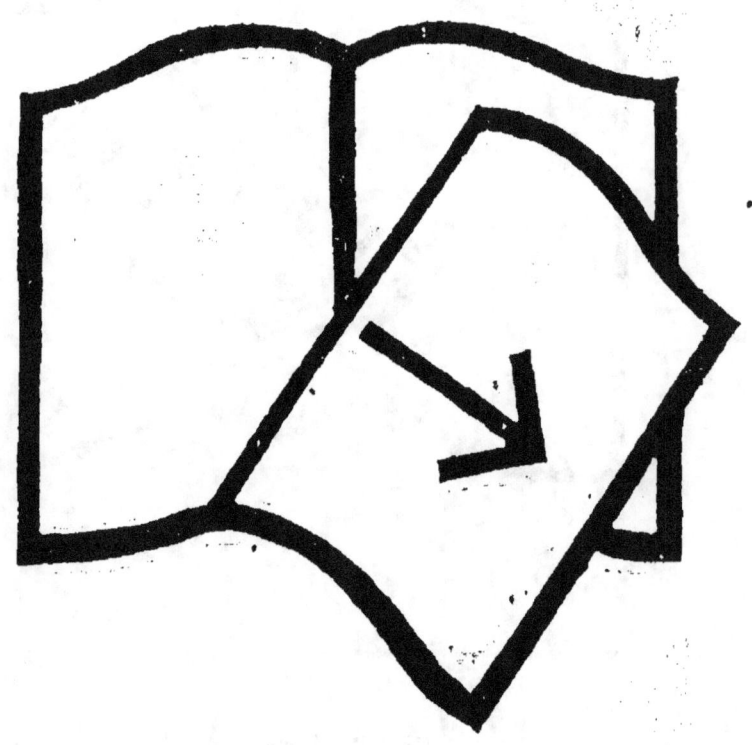

Couverture inférieure manquante

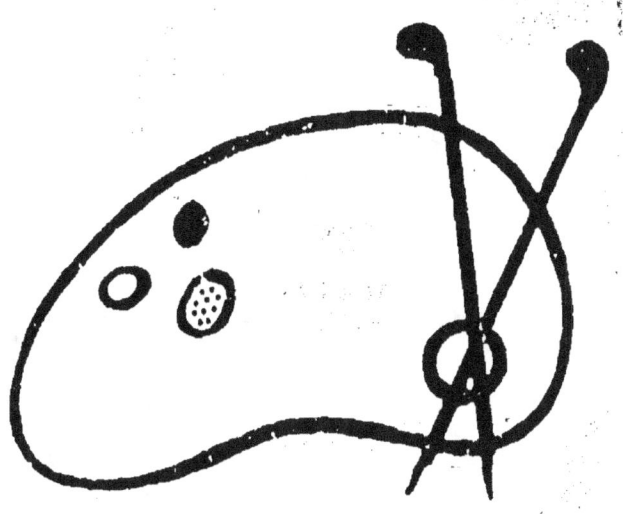

Original en couleur

NF Z 43-120-8

LES SÉPULTURES

DES

ÉVÊQUES D'ÉVREUX

PAR

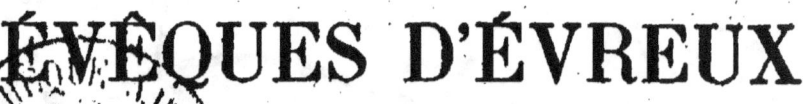

M. L'Abbé PORÉE

CURÉ DE BOURNAINVILLE

CORRESPONDANT DE LA SOCIÉTÉ NATIONALE DES ANTIQUAIRES
DE FRANCE

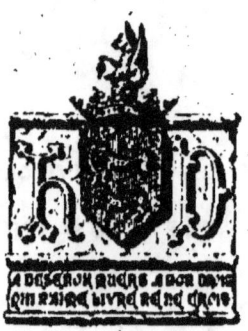

CAEN

HENRI DELESQUES, IMPRIMEUR-LIBRAIRE

RUE FROIDE, 2 ET 4

—

1891

LES SÉPULTURES

DES

ÉVÊQUES D'ÉVREUX

PAR

M. L'ABBÉ PORÉE

CURÉ DE BOURNAINVILLE

CORRESPONDANT DE LA SOCIÉTÉ NATIONALE DES ANTIQUAIRES
DE FRANCE

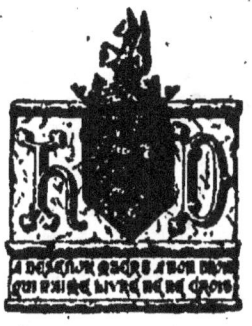

CAEN

HENRI DELESQUES, IMPRIMEUR-LIBRAIRE

RUE FROIDE, 2 ET 4

—

1891

LES SÉPULTURES

DES

Extrait des comptes-rendus du Congrès tenu à Évreux par la Société française d'Archéologie, en juillet 1889.

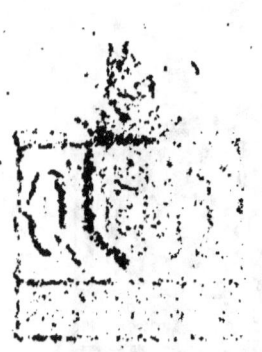

CAEN

HENRI DELESQUES, IMPRIMEUR-ÉDITEUR

1891

LES SÉPULTURES

DES ÉVÊQUES D'ÉVREUX

———————

Comme la plupart des cathédrales de France, Notre-Dame d'Évreux fut longtemps peuplée des monuments funéraires de ses évêques. Les nefs et les chapelles étaient pavées de ces dalles tumulaires si intéressantes pour l'étude du costume au moyen-âge. Toutes ces richesses ont disparu, et, cette fois, ce n'est pas la Révolution qu'il faut accuser.

En 1784, le chapitre fit paver à neuf les nefs de la cathédrale : les nombreuses pierres qui s'y trouvaient furent enlevées, « et les chanoines, dit le Journal d'un bourgeois d'Évreux, firent scier de très belles tombes qui pavoient leur église. » (1)

L'année suivante, Mgr de Narbonne dépensa 12.000 livres pour faire paver en marbre le chœur de la cathé-

(1) *Journal d'un Bourgeois d'Évreux*, édition Bonnin, page 18.

drale (1). Cette fois, ce furent les tombes des évêques qui disparurent ; ces sépultures monumentales ne trouvèrent pas grâce devant cette fièvre de mauvais goût. Heureusement, les sarcophages ainsi que les cendres et les ornements qu'ils renferment ont été fidèlement gardés par la terre.

Il est probable que les travaux de restauration dont la cathédrale d'Évreux est en ce moment l'objet s'étendront au dallage du chœur qui a été démesurément exhaussé en 1785. Si l'on rétablit le sol au niveau normal, ces travaux amèneront nécessairement la découverte des tombeaux des évêques, et ces fouilles ne peuvent manquer d'offrir le plus vif intérêt archéologique. Nous avons cru devoir signaler à l'avance l'emplacement occupé par ces sépultures, de façon à rendre leur reconnaissance plus facile et plus fructueuse. Cependant, nous n'avons point borné nos recherches aux seuls prélats inhumés dans leur cathédrale ; nous les avons étendues à tous les évêques dont le lieu de sépulture et les épitaphes sont arrivés à notre connaissance.

Ces inscriptions, il faut l'avouer, n'auront qu'un intérêt purement historique. De toutes celles que nous signalons, pas une, que nous sachions, n'a échappé à la destruction.

1° Saint Taurin. — Saint Taurin fut inhumé, suivant la coutume romaine, en dehors de la cité des Éburoviques, à l'endroit où s'éleva plus tard l'abbaye placée sous son invocation. Son tombeau fut découvert par l'un de ses successeurs sur le siège d'Evreux, saint Landulphe. Il trouva un cercueil, dit l'auteur du

(1) *Id.*, id., page 13.

Mémorial historique des évêques d'Evreux, sur lequel était écrit : « HIC REQVIESCIT PRIMVS EPISCOPVS EBROICAE CIVITATIS (1) ». Si réellement cette inscription a existé, c'est évidemment celle qui fut placée du temps de saint Landulphe, au VIIe siècle. La crypte ou tombeau existe encore dans l'église Saint-Taurin « Il est proche du sanctuaire, dit l'abbé Le Brasseur, environ à 8 pieds dans terre. On y descend par deux côtés de chacun six marches » (2).

2° Saint-Gaud. — D'après une très ancienne tradition, saint Gaud fut sacré évêque d'Évreux vers l'an 440, par saint Germain, archevêque de Rouen. Il se retira, après quarante années d'épiscopat, à Scissi, près de Saint-Pair-sur-la-Mer, et y mourut vers 491, le 31 janvier, jour où il est inscrit dans les martyrologes. Son corps fut retrouvé en 1131 dans l'église primitive de Saint-Pair : on lisait sur une pierre l'inscription suivante :

HIC REQVIESCIT

BEATVS GAVDVS

OLIM

EPISCOPVS EBROICENSIS.

Le 10 novembre 1664, Eustache de Lesseville, évêque de Coutances, fit en grande solennité la translation du corps de saint Gaud. Ces reliques, reconnues en 1698, 1760 et 1853, ont été l'objet d'une dernière translation, le 25 août 1874, par Mgr Bravard, évêque de Coutances, assisté de Mgr Grolleau, évêque d'Évreux.

A deux lieues d'Évreux, dans la paroisse des Baux-

(1) Page 15.
(2) Le Brasseur, *Histoire du comté d'Évreux*, page 29.

Sainte-Croix, au milieu de la forêt de Navarre, on voit une chapelle élevée sur l'endroit où le saint pontife s'était d'abord retiré. Cette chapelle, connue sous le nom de Sainte-Marie-du-Gaud ou Saint-Gaud, peut remonter au XII° siècle. On y célèbre quelquefois la messe, et l'on y vénère une relique du saint évêque qui y a été apportée par Mgr Grolleau, lorsqu'il revint de la cérémonie de la translation du corps du bienheureux (1).

3° Gilbert la Grue ou le Grand. — Ordéric Vital nous apprend qu'il mourut en 1112, et qu'il fut enterré dans sa cathédrale, « in basilica sancta Dei genitricis Mariæ sepultus est », dont il avait achevé la construction (2). On sait qu'il la fit consacrer en 1076 par Jean, archevêque de Rouen (3).

4° Audin. — Cet évêque mourut en Angleterre le 2 juillet 1139, et fut enterré dans l'église des Augustins de Melitona (4).

5° Garin de Cierrey. — Mort en 1201, fut inhumé dans l'église de l'abbaye de la Noë, près d'Évreux, sous un tombeau arqué, placé dans le sanctuaire, du côté de l'évangile. Autour de la statue couchée, on lisait le distique suivant :

ECCE SVB HOC TVMVLO PRAESVL GVARINVS HVMATVR :
DVX (*alias* HIC) PIVS IN POPVLO VERMIBVS ESCA DATVR (5).

(1) A. et J. Tardif, *Saint-Pair-sur-la-Mer et les saints vénérés dans l'église de cette paroisse.* Rennes, 1888.
(2) Ord. Vital, édit. Le Prévost, IV, 801.
(3) *Gallia Christ.*, XI, 572.
(4) Ord. Vital, V, 118. — Le Brasseur, p. 142.
(5) *Mémorial historique*, p. 64. *Gallia Christ.*, XI, 581. Le Brasseur, p. 173.

6ª Richard de Saint-Léger. — Il était abbé du Bec,
quand le chapitre l'élut pour évêque. Il mourut le
4 avril 1236, et son corps fut transporté dans l'abbaye
du Bec. Au moment des travaux exécutés dans leur
église par les moines de Saint-Maur, en 1719, on dé-
couvrit son sarcophage près de la porte du chœur, au
côté de l'épître; on ne trouva que des ossements, un
anneau de fer au doigt et une crosse en bois (1).

7° Jean de la Cour d'Aubergenville. — Il mourut le
1er juin 1256, et fut enterré dans le transept méridio-
nal, devant l'autel des saints martyrs Laurent et Vin-
cent, « en une cave sous terre, dit le *Mémorial des
Évêques d'Évreux*, au-dessus de laquelle est une
tombe d'airain, parsemée de fleurs de lys où il est représenté de sa grandeur, un petit chien à ses pieds,
revêtu de ses habits pontificaux, et autour est escrit
cet épitaphe :

SVMME DEVS, SI FORTE REVS FVIT ISTE, REATVM
TOLLE SVVM QVICVMQVE FACIS TVVM ESSE BEATVM.
CIVIBVS EBROICIS DVM PRAEFVIT ISTE IOANNES,
SVB VICE PONTIFICIS VITIORVM SORBVIT AMNES.
IVNI PRIMA DIE, ANNI QVOQVE MILLE DVCENTI
SEX QVINI DECIES, FINEM DANT HVIC MORIENTI (2).

En 1884, le tombeau de Jean de la Cour d'Aubergenville fut retrouvé par les ouvriers qui creusaient la
tranchée du calorifère : il contenait des ossements en

(1) *Chronicon Becrense*, édition Porée, p. 31. *Description de
la Haute-Normandie*, II, 282.
(2) *Mémorial historique*, p. 75. *Gallia christ.*, XI, 587. Le
Brasseur, p. 191.

poussière, des ornements pontificaux dont les galons métalliques étaient encore reconnaissables, une crosse de bois dont la volute en cuivre émaillé était fort belle, et enfin un splendide anneau en or orné de filigranes, de rubis balais et d'une grosse topaze en table. Ces deux spécimens de l'orfèvrerie du XIII° siècle sont conservés dans le trésor de la cathédrale (1).

8° Raoul de Chevry. — Il fut inhumé dans l'église de Saint-Éloi de Longjumeau. Dans l'église d'Yverneaux se trouvait une pierre tumulaire servant collective-ment à la famille de Chevry. On y voyait huit effigies, dont la première, dit le *Gallia christiana*, était Raoul de Chevry, évêque d'Évreux; la seconde, J... de Chevry; la troisième, Marguerite, sa femme; la quatrième, A..., abbé d'Yverneaux; la cinquième, Jean, prieur de l'Ordre des Hospitaliers; la sixième, Agnès, abbesse de Saint-Paul; la septième, Guillaume de Chevry; la huitième, N..., sa femme, et autour régnait une ins-cription dont les seuls mots suivants ont été conservés :

LAN DE GRACE M CC LXVIII, LE JO..... (2).

9° Philippe de Chaours ou de Cahors. — Cet évêque mourut le 21 août 1281 et fut inhumé dans le chœur de l'église des Dominicains d'Évreux. « Il y est repré-senté, dit Le Brasseur, sur une tombe d'airain avec cette épitaphe » :

(1) Sur cette découverte voir : *Bulletin Monumental*, 1884, p. 681; *Recueil des travaux de la Société libre de l'Eure*, IV° série, t. IV, p. 230.
(2) *Gallia christ.*, XI, 590.

CONTINET HAEC FOSSA PLILIPPI PRAESVLIS OSSA ,

QVEM, PRECOR, AD CAETVS CAELESTES COLLIGE, CHRISTE :

HINC OBITVM DISCE MIGRANTIS AD ATRIA CAELI

PER SEMEL M. BIS C. BIS QVATER X. SEMEL I

LVXIT ET AVGVSTI B. TERTIA FVNERE IVSTI (1).

10° Nicolas de l'Aide, *de Auxilio,* cardinal de Nonancourt. — Quelques historiens ont confondu Nicolas
d'Auteuil, *de Autolio,* évêque d'Évreux, avec Nicolas
de Auxilio, cardinal de Nonancourt. Nous mentión-
nons ce prélat parce que, quoiqu'il soit mort à Agnani,
en 1299, il fut enterré dans le chœur de la cathédrale
d'Évreux. « Il fut inhumé, dit Le Brasseur, dans l'église
de la cathédrale par les soins de son frère, qui en était
chanoine, et fut lui-même inhumé au même endroit...
On voit sur sa tombe d'airain son effigie, sans bâton
pastoral, avec cette inscription autour en lettres gothiques :

HAEC PRESENS FOSSA NICOLAI CONTINET OSSA,

QVI PIVS ET PRVDENS EXTITIT ATQVE STVDENS.

MITRAM CARDINEAM ROMANA GESSIT IN VRBE

ET PILEVM RVBRVM, DANS MULTAE DOGMATA TVRBAE.

IN PRAVOS MORES NATVRAE, THEOLOGIA

HVIVS ERANT FLORES CVM PHILOSOPHIA.

(1) Le Brasseur, 202. *Mémorial hist.,* p. 79. Le *Gallia christiana* donne six vers de cette inscription en intercalant comme
troisième vers : *Nam pavit lœtus în egenis sœpe triste.* Le
Mémorial de Le Batelier d'Aviron reproduit l'inscription que
nous donnons. La lettre B du dernier vers est une des lettres
dominicales; le jour où elle revient pour la troisième fois au
mois d'août, est le 21, jour de la mort de Philippe de Cahors.

EDITVS EST ILLA, QVAE NONANCVRIA VILLA.

FERTVR, VBI CVRA VIGILI FECIT BONA PLVRA.

M. C BIS, X NOVIES, NONO SEPTEMBRE TIMENDO,

FINIIT ISTE DIES SVB MAVRITIO MORIENDO :

AVXILIVM DICTVS MVLTIS DEDIT IPSE LEVAMEN,

SED NVNQVAM FICTVS REQVIEM SIBI DET DEVS. AMEN (1).

Le cardinal de Nonancourt avait fondé l'une des chapelles du chœur dont on projetait alors la construction ; il est représenté dans l'une des fenêtres tenant une verrière, avec cette inscription : NICOLAVS CARDINAL (2).

11° Mathieu des Essarts. — Mathieu des Essarts mourut le 1er octobre 1310. « On voit, dit l'abbé Le Brasseur, dans la chapelle Saint-Claude, dans l'église cathédrale, son tombeau enfoncé dans la muraille, et au-dessus sa représentation en pierre sans aucune épitaphe (3). » La verrière placée au-dessus le représente à genoux, les mains jointes avec l'inscription : MATHEVS EPISCOPVS EBROICENSIS. La verrière de la chapelle voisine renferme le même prélat présentant un vitrail ; l'inscription est identique (4). Il blasonnait : de gueules au chevron d'or.

12° Geoffroy Faé. — D'abord abbé du Bec, puis élu évêque d'Évreux en 1334. Il mourut le 15 avril 1340. Son corps fut transporté dans l'abbaye du Bec, où son tombeau fut retrouvé en 1719, du côté de l'évangile,

(1) Le Brasseur, 207.

(2) Lebeurier, *Note sur la cathédrale d'Évreux*, 1876, p. 5.

(3) Le Brasseur, page 213.

(4) Lebeurier, *Description de la cathédrale d'Évreux. — Mémorial des évêques d'Évreux*, p. 86; *Gallia Christ*, XI, 603.

dans un sarcophage de pierre ; on y recueillit des ossements avec une crosse de bois et un anneau de fer
encore attaché à un doigt (1). Quatre des hautes verrières de l'abside de la cathédrale d'Évreux ont été
données par l'évêque Geoffroy. Au bas de l'une d'elles,
on lit l'inscription suivante : DNS [GAV]FRIDVS FAE ABBAS
BECCI POSTEA EBROICENSIS EPS. Les trois autres inscriptions
sont à peu près identiques. L'écusson placé près de
l'évêque Geoffroy est celui de l'abbaye du Bec, sauf
une brisure : de gueules, semé de fleurs de lys d'argent,
au franc quartier de sable chargé d'une molette d'or ;
l'écu est traversé, en pal, par une crosse d'or.

13° Robert de Brucour. — Mort à Paris, le 15 décembre 1367, inhumé dans sa cathédrale, près du grand
autel, « ad majus altare, » dit le *Gallia christiana* (2).
Le Batelier d'Aviron est un peu plus explicite. « Son
corps fut apporté à Évreux et fut inhumé au costé droit
du chœur de l'église cathédrale, soubs une tombe
d'airain » (3). Il blasonnait : fascé d'or et de gueules,
semé de fleurs de lys de l'un en l'autre.

14° Philippe de Brucour, neveu et coadjuteur de
Robert, lui succéda à l'évêché d'Évreux ; il fut inhumé,
en 1374, dans sa cathédrale, « au côté senestre du
grand autel, sur le premier pal, où est couchée une
tombe de pierre noire, à l'opposite de la tombe de
Robert de Brécourt. » Manuscrit copié par M. T. Bonnin. L'abbé Le Brasseur le cite en l'appelant « manuscrit des archives de la cathédrale », page 254.

(1) *Mémoires pour servir à l'histoire de l'abbaye du Bec-Hé-
luin.*
(2) *Gallia christ.*, XI, 597.
(3) *Mémorial historique*, page 98.

15° **Bernard Cariti.** — Cet évêque mourut au mois d'août 1383, et fut inhumé dans le chœur de la cathédrale, à gauche du maître-autel (1). L'une des hautes verrières du chœur est due à cet évêque. « Il est debout, portant la mitre et la crosse et indiquant, de la main droite, la place où il est inhumé dans le chœur. A côté de lui, son patron, saint Bernard, est aussi debout et tient un livre. Le fond blanc de toute la verrière est semé de larmes noires » (2). Ses armes sont : d'argent, au chef dentelé de gueules.

16° **Philippe de Moulins.** — Le Mémorial historique dit que cet évêque « achepta une maison size aux hâles de Paris, appelée la Galère, qu'il donna aux Célestins, à la charge de nourrir et entretenir un religieux. Il est enterré dans le chœur de leur église, soubs une tombe de cuivre, sur laquelle cette épitaphe est gravée :

HIC IACET R. IN CHRISTO PATER D. PHILIPPVS DE MOLINIS, ENGILBERTORVM, NIVERNENSIS DIAECESIS, QVONDAM EBROÏC. EPISCOPVS, DEINDE NOVIOMENSIS, REGVM IOHANNIS, NECNON CAROLI QVINTI ET CAROLI SEXTI SECRETARIVS, QVIBVS FELICITER SERVIVIT PER ANNOS LVI. OBIIT PARISIIS VLTIMA DIE IVLII MCCCCIX (3).

Millin, dans ses *Antiquités nationales*, nous a conservé un dessin de la tombe de Philippe de Moulins. Elle était en cuivre, comme celle de Jean Bureau, évêque de Béziers, autre secrétaire du roi, et le prélat

(1) *Gall. christ.*, XI, 598 ; Le Brasseur, p. 262.
(2) Lebeurier, *Description de la cathédrale* ; Le Brasseur, p. 262.
(3) *Mémorial historique*, p. 100.

était représenté « en bosse », en costume épiscopal, entouré de figurines et d'ornements gothiques (1).

« Il fit présent au thrésor de Nostre-Dame d'Évreux, dit Le Batelier d'Aviron, de deux images d'argent, une de la Mère de Dieu, l'autre de sainte Anne, qui portent cette inscription : *Philippus de Molinis, Nivernensis diocesis, quondam hujus ecclesiæ Ebroicensis episcopus, dedit hanc imaginem* (2). »

17° Martial Fournier. — Martial Fournier, étant tombé malade pendant le concile de Bâle, se retira à Strasbourg, dans la maison des Chevaliers de St-Jean-de-Jérusalem, où il mourut le 13 août 1439. Il fut inhumé dans leur église et on lisait sur son tombeau l'épitaphe suivante : ANNO DOMINI MCCCCXXXIX, IDIBVS AVGVSTI, OBIIT VENERABILIS PATER D. MARTIALIS FOVRNIER, EPISCOPVS EBROICENSIS, PROVINCIAE ROTHOMAGENSIS, IN FRANCIA : ORATE PRO EO (3).

18° Guillaume de Floques. — Mort le 25 novembre 1464 : il fut inhumé à gauche du chœur, au bas des marches du sanctuaire ; sur sa pierre tumulaire, on lisait cette épitaphe, faite du vivant même du prélat, comme le prouvent les blancs qui n'ont pas été remplis :

HIC IACET BONÆ MEMORIÆ DEVOTÆQVE RELIGIONIS....... GVILLÉLMVS DE FLOQVES, HVIVS ECCLESIAE EBROICENSIS EPIS-

---

(1) Millin, *Antiquités nationales*, planche LV. — Le Brasseur, p. 265. Ses armes étaient d'azur, à la croix nillée d'or.

(2) *Mémorial historique*, page 99 ; Le Brasseur, page 265, *Gallia christ.*, XI, 599.

(3) *Mémorial historique*, p. 111 ; *Gall. christ.*, XI, 602 ; Le Brasseur, p. 266.

COPVS, QVI OBIIT IN DOMINO ANNO DOMINI MCCCCLX   IN MENSE
ANIMA EIVS REQVIESCAT IN PACE, AMEN (1).

19° Pierre Turpin de Crissé. — Mort dans son
diocèse, au château de Condé, en 1473 ; il fut inhumé
à l'entrée du chœur de la cathédrale, du côté de
l'épitre (2). Il portait : losangé d'argent et de gueules.

20° Jean Héberge. — Mort à Paris, le 28 août 1479,
et enterré dans la chapelle sous terre de Notre-Dame,
à l'abbaye St-Victor, à Paris. « M. Le Jau, dit Le Brasseur, parle d'une inscription qui étoit autrefois sur la
tombe de cet évêque, et qu'on ne voit plus aujour-
d'hui. Il en a cependant ramassé quelques restes qu'on
voyoit encore de son temps. » Voici ce qu'il en rapporte :

SVB HOC TVMVLO IACET R. IN CHRISTO .... IOHANNES HABERGE
EBROICARVM .... QVEM LVTETIA .... EXACTVS : SED
TANDEM ARGENTAE NATVRAE LEGE........ (3).

21° Raoul du Fou. — Mort le 2 février 1511 ; il fut
enterré au milieu du chœur de la cathédrale. On lisait
sur sa tombe d'airain l'inscription suivante :

HIC IACET MEMORANDAE RECORDATIONIS D. RADVLPHVS DV
FOV, QVEM GENVIT INCLYTA BRITANNIA, CORISOPITENSIS DIAE-
CESIS, ORTV NOBILIS, MORIBVS CLARISSIMVS, RELIGIONIS DECORE
VENVSTVS, HVIVSCE ECCLESIAE ANNIS XXXII. PASTOR DIGNISSI-

(1) Le Brasseur, page 205 ; *Mémorial historique*, p. 120 ; *Gallia christ.*, XI, 605.
(2) Le Brasseur, page 303. Il fut enterré « juxta cathedram
episcopi », dit le *Gallia christiana*, XI, 607.
(3) Le Brasseur, p. 307. *Mémorial historique*, p. 124. *Gallia
christ.*, 608.

MVS, AMANTISSIMVS PACIS ZELOTES, MAGNIFICENTISSIMVS AEDIFI-
CIORVM RESTAVRATOR, LIBERALISSIMVS ELEEMOSYNARVM LARGI-
TOR, INVINCIBILIS ECCLESIASTICORVM IVRIVM DEFENSOR, AC IN
OMNIBVS FIDELISSIMVS MINISTER, QVI OBIIT II° FEBRVARII, ANNO
M. V°. X. (1).

22° Ambroise Le Veneur de Tillières. — Il mourut
au château de Condé, le 23 septembre 1536, et fut inhumé le 26 octobre suivant dans le chœur de la cathédrale, près la chaire épiscopale (2).

23° Gabriel Le Veneur. — Mort au château de Tillières, le 16 mai 1574, inhumé le 5 août suivant dans
le caveau de son oncle (3).

24° Claude de Sainctes. — Mort au château de Crè-
vecœur, diocèse de Lisieux, en septembre 1591. Son
cœur fut déposé dans l'église de la Madeleine de Ver-
neuil, au pied de la statue de Saint-Sauveur. « L'on y
lisait, dit l'abbé Chemin, l'inscription suivante, ayant
qu'on eût recoloré la muraille dans lequel il est :

ANNO DOMINI MDLXXXXI,

« Bellis civilibus tumultuante Gallia, corpus Illus.
et Reverend. Claudii de Sainctes, Ebroic. epis. sancti-
tate et doctrina celeberrimi, nuper in castello de Cre-
vecœur, non sine suspicione venenis ab hæreticis pro-

(1) Le Brasseur, p. 313. *Mémorial historique*, p. 127. *Gallia
christ.*, XI, 609.

(2) *Mémorial historique*, p. 131. *Gallia christ.*, XI, 610. Le
Brasseur, p. 353. *Mémoires manuscrits* de l'abbé Chemin, curé
de Tourneville, conservés à la Bibliothèque du Grand Sémi-
naire d'Évreux.

(3) *Mémorial historique*, p. 140. *Gallia christ.*, XI, 611. Le
Brasseur, p. 353.

pinati, quos miris scriptis exagitaverat, vita functi, inde adsportatum in hac ecclesia, per annos sex et amplius integrum est asservatum, tandemque obtinuit ut in primaria sepeliretur ecclesia Ebroicensi, corde servato quod hic juxta, plumbeo scriniolo honorifice conditum ad perpetuam hujus loci felicitatem et gloriam. »

« En 1597, son corps, sur la permission de la Cour, fut apporté dans son église cathédrale où il fut inhumé par François de Péricard, évêque d'Avranches, au costé gauche du grand autel, au pied de la muraille du contour du chœur, où estoient, sur deux pièces de marbre, ses épitaphes que nous allons également mettre ici. Dans la nouvelle décoration du chœur, faite depuis environ trente ans, on a reporté une de ces pièces de marbre, sur laquelle est le premier épitaphe en latin, à la pointe du chœur, en dehors, vis-à-vis de l'autel de la chapelle de la Mère de Dieu. Quant à l'autre épitaphe, écrit en or comme le premier, on l'a totallement supprimé parce qu'il estoit en vers françois sans goust. Cependant, nous avons cru ne pas devoir le négliger.

« Premier épitaphe :

SISTE QUISQUIS HANC ÆDEM ORATURUS ADIS, HOSPES SIVE INCOLA. CLAUDIUS DE SAINCTES, MAGNUS ILLE THEOLOGUS, EBUROVICUS ANTISTES, HOC IN ANGULO POMPA TENUI SITUS EST. QUOD SEPULCHRUM IMAGINES COLUMNÆVE NON EXORNANT, NE MIRARE. SUFFICIT ANGUSTUS PARVO CORPORI LOCUS, NEC POMPAS MORTUUS OPTAVIT QUI VIVENS FASTUS ET SÆCULI RISIT LUDIBRIA; ET QUÆ COLUMNA SATIS DIGNA ERIGI POTUIT ILLI QUI COLUMNA FUIT ECCLESIÆ? IMAGO NON CORPORIS, VANUM, SED INGENII MENTISQUE DIVINÆ ILLIUS IN LIBRIS ADMIRANDIS CER-

NITUR. CONCIONES IN CONSPECTU REGUM POPULIQUE FREQUEN-
TIS HABITÆ SAT NOMEN ILLUSTRANT. SI HEC NESCIS, CÆCUS ET
SURDUS: ISTA NON SUNT SCRIPTA TIBI. VADE ET ORA. OBIIT
ANNO MDLXXXXI (1).

« L'on doit juger de cet épitaphe que M. de Sainctes n'estoit pas d'une taille fort grande. Son portrait
est à Condé. L'on jugera de l'épitaphe suivant qu'il
avait une voix éclatante :

« Second épitaphe :

Comme Hécube jadis contemploit sa lignée
Soumise à la fureur de l'homicide épée,
Priam, son cher époux, ses aimés cytoyens
Par la main des vainqueurs chargés de forts liens,
Et Hector roide mort traisné sur la poussière
Gravoit le champ troyen de sa lance guerrière,
Jettoit mille sanglots, tordoit ses bras nerveux,
Et d'un outré dépit arrachoit ses cheveux :
Ainsi l'on a pu voir le peuple de Neustrie
Plus que ses propres yeux, que son sang, que sa vie
Regretter ce prélat que le dur aiguillon
De la mort a conduit aux rives d'Acheron.
A peine pouvoit-il estre sorti d'enfance,
Au vieil terroir chartrain ayant pris sa naissance
De très nobles parents, que pour s'élever mieux,
Dévot, se renferma dans les sauvages lieux.

(1) Cette première épitaphe se trouve dans Le Brasseur,
p. 363, le *Mémorial historique*, p. 147, et le *Gallia christiana*,
XI, p. 612. La seconde épitaphe, conservée par l'abbé Chemin,
est inédite.

Puis quand la langue hébreue et grégeoise et latine
Eurent à flots bruyants élavé sa poitrine
Des breuvages sacrés, lors si haut il vola
Qv'aux écrits des anciens les siens il égala :
Faisant par son sçavoir conjoint à l'éloquence
Aux peuples étrangers admirer nostre France,
Mère de tels enfants : ayant sa docte main
Estonné mainte fois le conclave romain,
Et aux ennemis siens épris de forte rage
A toujours contesté, arraché le courage :
Ainsi par ses travaux, ainsi par son labeur
De deux rois excellens mérita la faveur,
Dont le premier d'iceux l'aimant comme soy-mesme
Daigna bien honorer d'une marque suprème
Ses vertus. Et lui donc se voyant arresté
Sous le fardeau pesant de ce vaste éveschê,
Éloigné des appas de l'amorce gloutonne,
A tous œuvres pieux son esprit il addonne ;
En rejettant l'orgueil des habits dissolus,
Les jeux, les fols ébats, les banquets superflus ;
Brief, banissant tout luxe, imitoit la manière
Des modestes prélats de l'Église première,
N'ayant oncques souffert que les erreurs pervers
Son champ bien cultivé tournassent à l'envers.
Semblable au bon Pasteur, qui plein d'ardeur profonde
Près son aimé troupeau jour et nuit fait sa ronde ;
A l'oiseau curieux des siens qui de son flanc
Sans cesse becqueté fait ruisseler le sang,
Se privant de la vie ; à la géline douce
Quand elle, pour sauver son fruit tendre, repousse
Les vigoureux efforts de l'oiseau ravissant,
Qui l'emporte par l'air j'à déjà périssant.
Mais comme dans l'enclos de ce caducque monde,

Rien que dueils, que périls et que perte n'abbonde
En telle quantité qu'au plus fort des moissons
On voit des bleds flottants surdorer les sillons,
Et les flots écumeux s'entre donner carière
Sur le dos de Thetis..... marinière,

. . . .

Tandis que ce prélat par sa bruyante voix,
Par ses graves écrits, par sa notable vie
Comme un athlète fort combattoit l'hérésie ;
Que presque chacun jour par un exemple beau,
Il retire piteux de l'horreur du tombeau
Un millier d'indigents que la faim pâlissante
S'efforçoit d'accabler de sa main languissante ;
Qu'il apporte conseil aux povres ignorants ;
Lui voyant tost après les troubles apparents
Menacer son pays, et les maigres campagnes
Françoises regorger de guidons et d'enseignes ;
Enfin l'ennui rongeard et le chagrin chenu
Tranchèrent de ses jours le filet jà menu,
De ses actes laissant une luisante gloire
Dont les siècles futurs n'en rompront la mémoire,
Car la rare vertu des hommes excellents
De Fortune amortit les efforts violents,
Et le Temps..... qui toute chose ronge
Au marais Stigien leur renom pas ne plonge.
Ainsi lui peu craintif du ciseau d'Atropos
Se nourit à présent d'un éternel repos,
Priant incessamment la Majesté Divine,
Comme nous présumons, d'exempter de ruine
D'encombres, de dangers, de maux, d'adversité
Les débilles remparts d'une antique cité.

Au haut de cette épitaphe on lisait ces mots :

Le tombeau de Révérend Père en Dieu
Claude de Sainctes en son vivant Évèsque
D'Évreux, et Conseiller d'Estat du Roy (1).

25° Guillaume de Péricard. — Mort à Évreux, le 26 novembre 1612; il fut enterré « dans le chœur de la cathédrale (2). »

26° François de Péricard. — Coadjuteur et neveu du précédent ; mort à Paris, le 21 juillet 1646, et inhumé dans le chœur de la cathédrale, à droite du maître-autel (3).

27° Jacques Le Noël du Perron. — Mort à Évreux le 17 février 1649 ; enterré dans le chœur de la cathédrale, devant le grand autel (4).

28° Gilles Boutault. — Mort à Paris le 11 mars 1661, il fut enterré, dit le *Gallia christiana* dans le caveau des évêques « in episcoporum tumulo (5).» L'abbé Chemin est plus explicite et dit que Gilles Boutault fut inhumé dans le chœur, à l'entrée de la porte collatérale à droite (6).

29° Henri de Maupas du Tour. — Mort à Évreux le 12 août 1680, « inhumé dans la cathédrale » dit le *Gallia christiana* (7).

---

(1) *Manuscrits de l'abbé Chemin.* Bibl. du Gr. Sém. d'Évreux.
(2) *Manuscrits de l'abbé Chemin. Gallia Christ.*, XI, 616.
(3) *Gallia christ.*, XI, p. 617.
(4) *Mémorial historique*, p. 164. *Gallia christ.*, XI, p. 618. Le Brasseur, p. 390. *Manuscrits de l'abbé Chemin.*
(5) *Gallia christ.*, XI, 618.
(6) *Manuscrits de l'abbé Chemin.*
(7) XI, p. 619.

30° Jacques Potier de Novion. — Mort le 14 octobre 1709, inhumé dans la cathédrale, à gauche du chœur (1).

Nous ne savons où fut enterré Jean Le Normant, mort le 7 mai 1733. Ses successeurs sur le siége d'Évreux furent transférés à d'autres évêchés et ne furent point inhumés dans la cathédrale (2). Le dernier évêque avant la Révolution, Mgr François de Narbonne, qui avait pris possession le 8 décembre 1775, mourut à Rome le 12 novembre 1792, et fut inhumé dans l'église de Saint-Louis-des-Français.

(1) *Gallia christ.*, XI, 620.
(2) En 1764, Mgr de Lezay-Marnésia avait fait faire dans la chapelle de la Mère de Dieu un caveau destiné à la sépulture des évêques d'Évreux.

www.ingramcontent.com/pod-product-compliance
Lightning Source LLC
Chambersburg PA
CBHW030130230526
45469CB00005B/1881